UM OCIDENTE SEQUESTRADO

MILAN KUNDERA

UM OCIDENTE SEQUESTRADO

OU A TRAGÉDIA DA EUROPA CENTRAL

Tradução
MARIANA DELFINI

Discurso ao Congresso dos Escritores Tchecos © 1967 by Milan Kundera
Um Ocidente sequestrado: Ou a tragédia da Europa Central © 1983
by Milan Kundera
Copyright das apresentações © 2021 by Éditions Gallimard

*Grafia atualizada segundo o Acordo Ortográfico da Língua Portuguesa
de 1990, que entrou em vigor no Brasil em 2009.*

Título original
Un Occident kidnappé ou la tragédie de l'Europe Centrale

Capa
Alceu Chiesorin Nunes

Imagem de capa
defrocked/ Shutterstock

Preparação
Cristina Yamazaki

Revisão
Angela das Neves
Renata Lopes Del Nero

Dados Internacionais de Catalogação na Publicação (CIP)
(Câmara Brasileira do Livro, SP, Brasil)

Kundera, Milan, 1929-2023.
   Um Ocidente sequestrado: Ou a tragédia da Europa
Central / Milan Kundera ; tradução Mariana Delfini. — 1ª ed.
— São Paulo : Companhia das Letras, 2023.

   Título original: Un Occident kidnappé ou la tragédie de
l'Europe Centrale.
   ISBN 978-85-359-3588-2

   1. Ensaios 2. Europa – Civilização 3. Europa, Central –
Política e governo I. Título. II. Título: A tragédia da Europa
Central.

23-168348   CDD-943

Índice para catálogo sistemático:
1. Europa Central : História   943

Cibele Maria Dias – Bibliotecária – CRB-8/9427

Todos os direitos desta edição reservados à
EDITORA SCHWARCZ S.A.
Rua Bandeira Paulista, 702, cj. 32
04532-002 — São Paulo — SP
Telefone: (11) 3707-3500
www.companhiadasletras.com.br
www.blogdacompanhia.com.br
facebook.com/companhiadasletras
instagram.com/companhiadasletras
twitter.com/cialetras

Sumário

Introdução — Jacques Rupnik 7

A literatura e as nações pequenas — Discurso
ao Congresso dos Escritores Tchecos (1967). . . . 15

Apresentação — Pierre Nora 37

UM OCIDENTE SEQUESTRADO: OU A TRAGÉDIA
DA EUROPA CENTRAL (1983) 43

Sobre o autor 83

Lista de obras 87

Introdução

Jacques Rupnik

Há congressos mais importantes, ou ao menos mais memoráveis, que os do Partido. Na Tchecoslováquia comunista eles eram frequentes e parecidos entre si. Os congressos de escritores podiam ser imprevisíveis e por vezes eram o prenúncio de mudanças profundas na relação entre o poder e a sociedade.

Há também discursos que marcam uma época e cuja releitura hoje ressoa de um jeito singular. Pensemos na denúncia de censura que Alexander Soljenítsin faz a Moscou em maio de 1967 e que inspira uma bela canção de Guy Béart: *"Le poète a dit la vérité, il doit être exécuté..."*.* São menos conhecidos os discursos

---

* Em tradução livre: "O poeta disse a verdade, ele deve ser executado". Versos de "La Vérité", de 1967. (N. T.)

impressionantes proferidos em Praga um mês depois no Congresso dos Escritores, a começar por este de Milan Kundera.

Milan Kundera era então um escritor de sucesso: no teatro, com *Les Propriétaires des clés* [Os donos das chaves] (1962), com a coletânea de contos *Amores risíveis* (1963 e 1965) e sobretudo *A brincadeira*, romance publicado em 1967 (na época do Congresso dos Escritores) que evoca e encerra uma época e que, para os leitores tchecos, mas não só para eles, segue associado à Primavera de 1968. Kundera era professor da Escola de Cinema e TV (Famu, na sigla original) e se tornou figura proeminente de uma expansão formidável da produção cultural, de originalidade e diversidade excepcionais, tanto na literatura (Bohumil Hrabal, Josef Škvorecký, Ludvík Vaculík...) como no teatro (Václav Havel, Josef Topol...) e sobretudo na *nouvelle vague* do cinema (Forman, Passer, Menzel, Němec, Chytilová...). Ele considerava — com razão — os anos 1960 uma "época de ouro" da cultura tcheca, que se desvencilha progressivamente das restrições ideológicas do regime sem se submeter às do mercado. Nessa perspectiva, a Primavera de Praga de 1968 não se limita à dimensão política e deve ser de fato entendida como apogeu de uma década em que o jornal semanal dos escritores, *Literární noviny* [Jornal literário], é publicado com tiragem de 250 mil exemplares, todos vendidos no mesmo dia — uma década em que a emancipação da cultura acelera a desintegração da estrutura política.

Avaliando o perigo, o poder instituído tenta então retomar o controle da situação, e o Congresso dos Escritores de junho de 1967 se torna o palco dessa queda de braço entre os escritores e o poder, cujas premissas vinham da conferência de Liblice de 1963, dedicada a Franz Kafka, um sepultamento simbólico do "realismo socialista". Quarenta anos depois, a obra do escritor judeu, de Praga, de língua alemã, a começar por *O processo*, ganhava outro realismo aos olhos dos leitores tchecos, mais perigoso para o ocupante do Castelo, Antonín Novotný, o chefe do Partido e do Estado.

O Congresso dos Escritores de 1967 teve muitos pontos altos. A começar pelo discurso do escritor Pavel Kohout criticando a política anti-israelense do bloco soviético na Guerra dos Seis Dias, antes de ler a famosa carta de Soljenítsin para a União dos Escritores Soviéticos. Isso foi demais para Kiri Hendrych, o guardião da ortodoxia ideológica que dirigia o Partido; ele abandonou a sala e, ao passar por trás da tribuna onde estavam Kundera, Procházka e Lustig, lançou-lhes o inesquecível "Vocês perderam tudo, tudo mesmo!". No dia seguinte, foi a vez de Ludvík Vaculík, autor de *Sekyra* [O machado] e membro da redação de *Literární noviny*, revoltado com a proposta de Hendrych, de passar de todos os limites considerados aceitáveis abordando sem rodeios a questão de fundo: o confisco do poder por "um punhado de pessoas que quer tomar todas as decisões", criticando assim a censura e até mesmo a Constituição. A ruptura estava consumada.

A história política recordará, naturalmente, do conflito explícito entre os escritores e o poder; a derrota provisória dos primeiros no verão de 1967; depois sua vitória (também provisória) na primavera de 1968. A história das ideias recordará especificamente do discurso de abertura de Milan Kundera. Como seus colegas, ele aborda a censura, mas trata do tema da liberdade de criação por outro viés. Adotando uma perspectiva histórica, Kundera se questiona a respeito do destino da nação tcheca, cuja própria existência "não está dada" — diante das elites dizimadas após a Batalha da Montanha Branca (1620) e de dois séculos de germanização —, e volta à questão provocadora formulada no fim do século XIX pelo escritor Hubert Gordon Schauer: valia mesmo a pena investir tantos esforços para devolver aos tchecos uma língua dotada de alta cultura? Não seria preferível fundir-se à cultura alemã, então mais desenvolvida e influente? Quase um século depois, Kundera retoma a questão de maneira retórica e oferece sua resposta: isso se justifica apenas por uma contribuição original à cultura e aos valores europeus; dito de outra forma, o universal pelo particular. A vitalidade da cultura tcheca dos anos 1960 parece justificar tal ambição ou aposta. Pois essa expansão da cultura, da qual depende a existência da nação, tem como condição a liberdade. Quem defende a autonomia da cultura e a liberdade de pensamento se torna uma ameaça aos ideólogos censores, que Kundera chama de "vândalos". Libertar a cultura das garras do poder assume manifestamente uma dimensão política.

Mas a questão abordada por Kundera em 1967 também ressoa de modo assustadoramente contemporâneo quando ele antecipa outra dimensão: o futuro das nações pequenas nas "vastas perspectivas integracionistas que se abriram na segunda metade do século xx".

"Corre-se o risco de incorporar todas as nações pequenas no processo de integração, as quais têm como defesa apenas o vigor de sua cultura, a personalidade e as características inimitáveis de sua contribuição."* Conter a "pressão não violenta desse processo de integração nos séculos xx e xxi" se revelaria muito mais

---

* Entrevista de Milan Kundera a Antonin Liehm, publicada em *Trois générations* (Paris: Gallimard, 1970), coletânea de entrevistas sobre o fenômeno cultural tcheco, com prefácio de Jean-Paul Sartre. Essa entrevista, realizada na véspera do Congresso dos Escritores de 1967, é ainda hoje o melhor autorretrato intelectual de Kundera.

difícil que a resistência outrora oferecida à germanização.

Assim, a interrogação sobre a especificidade do lugar da cultura tcheca se desdobra na reflexão de Kundera sobre o futuro das nações pequenas da Europa Central e antecipa, em determinados aspectos, seus dilemas em uma Europa em globalização. Esse é também o ponto de contato entre o discurso de Kundera no Congresso dos Escritores de 1967 e o ensaio "Um Ocidente sequestrado: Ou a tragédia da Europa Central", publicado em 1983 em *Le Débat*.

A LITERATURA E AS NAÇÕES PEQUENAS
Discurso ao Congresso
dos Escritores Tchecos
(1967)

Caros amigos, ainda que nenhuma nação exista no planeta Terra desde os tempos imemoriais, e ainda que a própria ideia de nação seja relativamente moderna, a maioria delas entende sua existência como algo dado, um presente de Deus ou da Natureza que desde sempre esteve aqui. Os povos são capazes de definir sua cultura, seu sistema político e até suas fronteiras como criação própria, passível portanto de questionamento ou problematização, enquanto consideram sua existência como povo um fato isento de qualquer questionamento. A história bem pouco feliz e descontínua da nação tcheca, que vivenciou a antecâmara da morte, permitiu que ela própria não sucumbisse a esse tipo de ilusão enganadora. A existência da nação tcheca nunca foi entendida como algo dado, e é justamente o fato de ser algo *não dado* um de seus atributos mais importantes.

Esse fenômeno se mostrou mais evidente no início do século XIX, quando um punhado de intelectuais tentou ressuscitar primeiro o tcheco, essa língua quase esquecida, e depois, na geração seguinte, o povo tcheco já em vias de extinção. Esse renascimento foi um gesto deliberado e, como qualquer gesto, baseou-se em uma escolha entre pró e contra. Ainda que tenham se inclinado em favor do "pró", os intelectuais oriundos do movimento de renovação nacional tcheca também conhecem o peso dos argumentos que vão no sentido contrário. Eles sabiam — como František Matouš Klácel, por exemplo, que tratou disso — que a germanização teria simplificado a vida dos tchecos, oferecendo mais oportunidades aos seus filhos. Também sabiam que pertencer a uma das maiores nações confere peso maior a qualquer trabalho intelectual e amplia seu alcance, enquanto a ciência formulada em tcheco — cito Klácel — "circunscreve o reconhecimento do meu zeloso trabalho". Eles estavam conscientes das complicações com as quais deparam os povos pequenos que — como dizia Ján Kollár — "pensam e sentem apenas pela metade" e cujo nível de educação — ainda citando Kollár — "com frequência é medíocre e franzino; eles não vivem, apenas sobrevivem, não crescem nem florescem, apenas vegetam, não geram árvores, só espinhos".

Estar perfeitamente consciente desses argumentos, assim como dos argumentos contrários, inclui a questão "ser ou não ser, e por quê?" no próprio fundamento da existência moderna da nação tcheca. Estimular tal existência significava, por parte dos protagonistas do despertar nacional, uma grande aposta para o futuro. Eles colocaram o povo diante do dever de justificar, no futuro, a justeza daquela escolha.

Foi seguindo justamente a lógica desse não dado da existência da nação tcheca que, em 1886, Hubert Gordon Schauer lançou na cara da jovem sociedade tcheca, que já começava a se vangloriar de sua pequenez, esta pergunta escandalosa: não teríamos contribuído mais para a humanidade se tivéssemos somado nossa energia criativa à de uma nação maior, cuja cultura é sem dúvida mais desenvolvida que a tcheca, ainda em germinação? Será que valeram a pena todos os esforços feitos para ressuscitar nosso povo? Será que o valor cultural de nosso povo é suficiente para justificar sua existência? Soma-se ainda outra pergunta: será que esse valor, por si só, será capaz de protegê-lo, no futuro, do risco de perder a própria soberania?

O provincianismo tcheco que se contentava em vegetar, em vez de viver, viu nesse questionamento, substituto de falsas certezas, um ataque subjacente contra o país, e por esse motivo decidiu descartar o sr. Schauer. Contudo, cinco anos depois, o jovem crítico Salda reputou Schauer como a maior personalidade de seu tempo, e seu ensaio como um gesto patriótico por excelência. Ele não estava errado. Schauer apenas levou ao extremo um dilema do qual todos os líderes do despertar nacional tcheco estavam conscientes. František Palacký escreveu: "Se não elevarmos o pensamento da nação para atividades mais grandiosas e nobres que aquelas exercidas por nossos vizinhos, não conseguiremos sequer garantir nossa própria existência". E Jan Neruda dobrou a aposta: "Devemos elevar nossa nação ao patamar de consciência e educação mundial para garantir não apenas prestígio, mas também a própria sobrevivência".

Os líderes da renovação tcheca associaram a sobrevivência da nação aos valores culturais que ela deveria produzir. Desejavam medir esses valores não em função de sua utilidade para o país, mas em função de critérios — como se dizia à época — que se estendiam à humanidade como um todo. Eles aspiravam à integração no mundo e na Europa. Nesse contexto, gostaria de destacar uma especificidade da literatura tcheca, que erigiu um modelo bastante raro no mundo: o do tradutor como ator literário fundamental, senão o principal. Em última análise, as maiores personalidades literárias do século anterior à Batalha da Montanha Branca* foram os tradutores: Řehoř Hrubý z Jelení, Daniel Adam z Veleslavína, Jan Blahoslav. A célebre tradução de John Milton assinada por Josef Jungmann lançou as bases do tcheco do período de renovação nacional; a tradução literária tcheca figura até hoje em dia entre as melhores do mundo, e o tradutor goza da mesma estima que qualquer outra personalidade literária. A explicação para o papel fundamental desempenhado pela tradução literária é óbvia: foi graças às traduções que o tcheco se estabeleceu e se aperfeiçoou como língua europeia — inclusive com uma terminologia europeia. Foi, enfim, por meio da tradução literária que os tchecos fundaram sua literatura europeia em língua tcheca e que a literatura formou os leitores europeus que leem tcheco.

Para as grandes nações europeias com uma história dita clássica, o enquadramento europeu em que elas evoluem constitui algo dado. No entanto, os tchecos, por terem alternado períodos de vigília e de sono, perderam diversas fases importantes do desenvolvimento de um pensamento europeu e, assim, precisaram a cada vez se adaptar ao enquadramen-

---

* A Batalha da Montanha Branca, ocorrida em 8 de novembro de 1620, foi uma das primeiras e mais importantes batalhas da Guerra dos Trinta Anos; ela marcou o fim da independência tcheca. (N. E. francesa)

to cultural, apropriar-se dele e reconstruí-lo. Para os tchecos, nada nunca foi uma conquista incontestável, nem a língua, nem o pertencimento europeu, que, a propósito, se resume a uma eterna escolha entre duas opções: deixar que o tcheco se enfraqueça a ponto de acabar, reduzindo-se a um mero dialeto europeu — e a cultura tcheca, a mero folclore —, ou tornar-se uma nação europeia com tudo o que isso implica.

Apenas esta segunda opção garantiria uma existência real, existência, contudo, em geral bastante dura para um povo que, ao longo de todo o século XIX, dedicou a maior parte de sua energia à construção de seus fundamentos, passando do ensino secundário à redação de uma enciclopédia. E, no entanto, desde o início do século XX e sobretudo entre as duas guerras, assistimos a uma expansão cultural sem-par em toda a história tcheca. Por duas décadas, uma plêiade de homens brilhantes se devotou à criação e logrou, nesse espaço de tempo tão curto, pela primeira vez desde Comenius, elevar a cultura tcheca ao patamar europeu, conservando suas especificidades.

Esse importante período, tão breve e intenso que ainda nos provoca nostalgia, assemelhava-se não obstante mais à adolescência que à idade adulta: por ainda estar no princípio, a literatura tcheca tinha uma característica predominantemente lírica e não precisava, para se desenvolver, de nada além de um tempo longo e sem interrupções de paz. Naquele momento, desmantelar o crescimento de uma cultura tão frágil, primeiro pela ocupação, depois pelo stalinismo, durante quase um quarto de século, isolá-la do resto do mundo, apequenar suas numerosas tradições internas, rebaixá-la à posição de simples propaganda, foi uma tragédia que arriscava relegar a nação tcheca mais uma vez — e agora, em definitivo — à periferia cultural da Europa. Se, após alguns anos, a cultura tcheca retomou o fôlego, se hoje ela se tornou sem dúvida o campo de atividade fundamental de nosso êxito, se um bom número de obras excelentes viu a luz do dia e determinadas artes, como o cinema tcheco, estão vivendo sua época de ouro, trata-se, pois, do fenômeno mais significativo da realidade tcheca destes últimos anos.

Nossa comunidade nacional tem, entretanto, consciência de tudo isso? Ela percebe que poderia se reconciliar com essa época memorável da adolescência de nossa literatura do entreguerras, e de que isso seria uma oportunidade excelente? Ela sabe que seu futuro depende do futuro de sua cultura? Ou será que enfim acabamos por desaprovar a opinião dos líderes da renovação tcheca, segundo a qual, na ausência de valores culturais sólidos, a sobrevivência de um povo como tal está longe de ser garantida?

O papel da cultura em nossa sociedade sem dúvida mudou desde a ressurreição nacional tcheca, e hoje não corremos mais risco de sermos expostos a uma opressão étnica. No entanto, não acredito que agora a cultura se preste menos que antes a justificar e preservar nossa identidade nacional. Ao longo da segunda metade do século XX, abriram-se vastas perspectivas integracionistas. Pela primeira vez, a humanidade reuniu esforços para elaborar uma história comum. Pequenas entidades se associam para formar entidades maiores. A colaboração cultural internacional se concentra, ao se unir. O turismo se torna um fenômeno de massa. Como consequência, amplia-se o papel de diversas línguas mundiais importantes, e, como a vida toda se internacionaliza, o peso das pequenas línguas diminui cada vez mais. Há pouco tempo, conversei com um homem do teatro, um belga da região de Flandres. Queixava-se de que sua língua estava ameaçada, de que a intelligentsia flamenga se tornava bilíngue e começava a preferir o inglês à língua materna dele, por facilitar o contato com a ciência internacional. Nessas circunstâncias, os povos pequenos só podem defender a língua e a soberania por meio do peso cultural da própria língua e da singularidade dos valores gerados a partir dela. A cerveja Pilsen, é claro, também é um valor. No entanto, em todos os lugares bebe-se essa cerveja sob o nome de Pilsner Urquell. Não, a cerveja de

Pilsen não pode de forma alguma apoiar a reivindicação dos tchecos de preservar a própria língua.* No futuro, esse mundo que continua a se integrar exigirá de nós, sem cerimônia e de maneira completamente legítima, a justificativa para essa existência que escolhemos há 150 anos e nos questionará sobre o *motivo* dessa escolha.

Urge que toda a sociedade tcheca se conscientize de forma plena sobre o papel essencial de sua cultura e literatura. A literatura tcheca é bem pouco aristocrática — o que é outra especificidade sua; é uma literatura plebeia estreitamente ligada ao vasto público nacional. Essa é, ao mesmo tempo, sua força e sua fraqueza. A força reside em sua base sólida, em que sua palavra ressoa alto; as fraquezas, em sua emancipação insuficiente, no nível de educação, na abertura de espírito, assim como nas eventuais manifestações de falta de cultura da sociedade tcheca, da qual a literatura tanto depende. Às vezes temo que nossa educação contemporânea perca essa característica europeia que calava tão fundo no coração de nossos humanistas e de nossos líderes da ressurrei-

---

* A cerveja de tipo Pilsen foi criada em meados do século XIX em Plzeň (Pilsen, em alemão), na região da Boêmia, na República Tcheca, na cervejaria Plzeňský Prazdroj. O nome da marca da cerveja é alemão: Pilsner Urquell, que significa "fonte original da cerveja Pilsen". (N. T.)

ção nacional tcheca. A Antiguidade greco-romana e a cristandade, essas duas fontes fundamentais do espírito europeu, que provocam a tensão de suas próprias expansões, quase desapareceram da consciência do jovem intelectual tcheco; trata-se de uma perda insubstituível. Ora, existe uma continuidade sólida no pensamento europeu, que sobreviveu a todas as revoluções do espírito; pensamento que construiu seu vocabulário, sua terminologia, suas alegorias, seus mitos, assim como as causas que defende, e sem o qual os intelectuais europeus não conseguem se entender. Acabo de ler um relatório avassalador sobre o conhecimento dos futuros professores de tcheco em relação à literatura europeia, e prefiro não saber o que dominam sobre a história mundial. O provincianismo não é apenas uma característica de nossa orientação literária, mas sobretudo um problema ligado à vida de toda a sociedade, à sua educação, ao seu jornalismo etc.

Recentemente, assisti a um filme chamado *As pequenas margaridas*, que conta a história de duas moças maravilhosamente vis, orgulhosas de sua doce mesquinhez, e que destroem com alegria e bom humor tudo o que está além de seu próprio horizonte. Vejo aí uma alegoria do vandalismo de grande alcance e de uma atualidade candente. O que é um vândalo? Não, não é o camponês analfabeto que, num acesso de cólera, bota fogo na casa do rico proprietário de terras. Os vândalos com quem cruzo são cultos, satisfeitos consigo mesmos, gozam de boa posição social e não têm nenhum ressentimento específico contra quem quer que seja. O vândalo é a mesquinhez orgulhosa que basta a si mesma e está pronta, a qualquer momento, para reivindicar seus direitos. Essa mesquinhez orgulhosa acredita que o poder de adaptar o mundo à sua imagem faz parte de seus direitos inalienáveis e, considerando que o mundo é majoritariamente feito de tudo aquilo que está além dela, adapta o mundo à sua imagem, destruindo-o. Assim, um adolescente decapita uma estátua em um parque porque essa estátua está ostensivamente além de sua própria essência humana, e faz isso se vangloriando, na medida em que cada gesto de autoafirmação traz satisfação ao homem. Os homens que vivem apenas seu presente descontextualizado, que ignoram a continuidade histórica e a quem falta cultura, são capazes de transformar sua pátria em um deserto sem história, sem memória, sem ecos e isento de qualquer beleza. O vandalismo contemporâneo não se reveste apenas de formas condenáveis pela lei. No momento em que uma comissão de cidadãos, ou de burocratas responsáveis por um relatório, decreta que uma estátua (um castelo, uma igreja, uma tília centenária) é inútil e decide removê-la, esse caso não passa de outra forma de vandalismo. Não há muita diferença entre a destruição legal e a ilegal, assim como entre a destruição e a proibição. Um membro do Parlamento solicitou recentemente, em nome de um grupo de 21 deputados, a proibição de dois filmes tchecos importantes, de difícil acesso, incluindo — que ironia! — essa alegoria do vandalismo que são *As pequenas margaridas*. Ele se lançou sem pudor contra os dois filmes e já de início admitiu, com todas as letras, que não os havia entendido. A incoerência da proposta é apenas aparente. O maior delito imputado a essas duas obras cinematográficas é justamente o fato de estarem além do horizonte de seus juízes, o que os teria ofendido.

Em uma carta a Claude-Adrien Helvétius, Voltaire escreveu esta frase magnífica: "Não concordo com o que você disse, mas defenderei até a morte seu direito de dizê-lo". Trata-se de uma formulação do princípio ético básico de nossa cultura moderna. Quem retrocede na história ao momento anterior ao nascimento desse princípio abandona o Iluminismo para retornar à Idade Média. Qualquer repressão a uma opinião, incluindo a repressão brutal a opiniões erradas, no fundo vai contra a verdade, essa verdade a que só se chega no confronto de opiniões livres e equivalentes. No século xx, qualquer interferência nas liberdades de pensamento e de expressão — sejam lá quais forem o método e a designação dessa censura — é um escândalo, assim como um fardo pesado para nossa literatura em plena efervescência.

Uma coisa é incontestável: se hoje nossas artes prosperam, isso ocorre graças aos avanços da liberdade de pensamento. O futuro da literatura tcheca depende intimamente da dimensão dessa liberdade. Sei que, no momento em que dizemos "liberdade", há quem se irrite e comece a protestar dizendo que a liberdade de uma literatura socialista deve ter limites. Está claro que toda liberdade tem limites, que são determinados pelo estado do saber, pela magnitude dos preconceitos, pelo nível de educação etc. No entanto, nenhuma nova era progressista foi definida pelos próprios limites! O Renascimento não se autodefiniu pela ingenuidade acanhada de seu racionalismo — ela só pôde ser vista a posteriori —, mas sim por uma emancipação racionalista das fronteiras de então. O romantismo se autodefiniu pela superação dos cânones classicistas e pela nova temática que conseguiu apreender após ter atravessado as antigas fronteiras. De maneira análoga, o termo de "literatura socialista" não vai adquirir um sentido positivo enquanto não tiver realizado a mesma emancipação libertadora.

No entanto, ainda vemos em nosso país maior virtude na defesa das fronteiras que na superação delas. Diversas conjunturas políticas e da sociedade são adotadas para justificar restrições à liberdade de pensamento. Mas uma política digna desse nome é aquela que privilegia interesses substanciais em detrimento de interesses imediatos. E, para o povo tcheco, a grandeza de sua cultura equivale, definitivamente, a esse interesse substancial.

Isso é ainda mais claro diante das excelentes perspectivas que a cultura tcheca possui, hoje, diante de si. No século XIX, o povo tcheco viveu à margem da história mundial; ao longo do século atual, estamos no centro dela. Uma vida no centro da história não é — e sabemos bem disso — uma festa. Contudo, no campo mágico das artes, os sofrimentos se transformam em riqueza criativa. Nesse campo, mesmo a experiência amarga do stalinismo se torna um trunfo — tão grande quanto paradoxal. Não me agrada falar do fascismo e do comunismo em pé de igualdade. O fascismo, baseado em um anti-humanismo escancarado, criou uma situação relativamente simples no plano moral: apresentando-se a si mesmo como antítese dos princípios e das virtudes humanistas, ele as manteve intactas. Por sua vez, o stalinismo foi o herdeiro de um grande movimento humanista que, apesar da fúria stalinista, conseguiu conservar boa quantidade de posturas, ideias, slogans, retóricas e sonhos originais. Ver esse movimento humanista se transformar em seu contrário, arrastando consigo toda a virtude humana, transformando o amor pela humanidade em crueldade para com os homens, o amor pela verdade em delação etc., cria uma perspectiva inesperada sobre o próprio fundamento dos valores e das virtudes humanas. O que é a história, qual o lugar do homem na história e o que é o homem, afinal? Não é possível responder a todas essas perguntas da mesma maneira, antes e depois dessa experiência. Ninguém sai dela do mesmo jeito que nela entrou. Naturalmente, o próprio stalinismo não está em questão. As peregrinações desse povo entre democracia, jugo fascista, stalinismo e socialismo (a história, agravada por um ambiente étnico muito complicado) reproduzem todos os principais elementos da história do século xx. Isso talvez nos permita formular perguntas mais pertinentes e criar mitos mais significativos do que os povos que não atravessaram a mesma jornada.

Durante esse século, nosso povo sem dúvida experimentou mais provações que muitos outros, e se seu gênio se manteve adormecido, talvez hoje ele saiba mais. Essa experiência maior poderia se transformar em uma emancipação libertadora das antigas fronteiras, uma superação dos limites atuais dos conhecimentos humanos e de seu destino, e assim dar sentido, grandeza e maturidade à cultura tcheca. Por ora, trata-se apenas, sem dúvida, de uma simples oportunidade, de potencialidades; contudo, muitas obras criadas ao longo desses últimos anos testemunham a realidade dessa boa fortuna.

No entanto, devo me perguntar ainda mais uma vez: nossa comunidade nacional está consciente dessa oportunidade? Sabe que isso lhe pertence? Sabe que uma oportunidade histórica dessas não se apresenta mais de uma vez? Sabe que desperdiçar essa oportunidade equivaleria a estragar o século XX para o povo tcheco?

"É senso comum", escreveu František Palacký, "que foram os escritores tchecos que permitiram que nossa nação evitasse o perecimento, ao despertarem-na e fixarem objetivos nobres para seus próprios esforços." Os escritores tchecos têm responsabilidade fundamental na própria sobrevivência de nosso povo, e até nossos dias, pois é da qualidade da literatura tcheca, de sua grandeza ou pequenez, de sua coragem ou covardia, de seu provincianismo ou alcance universal, que depende em grande medida a resposta à questão da sobrevivência desse povo.

Mas será que a sobrevivência desse povo vale a pena? E a sobrevivência de sua língua, por sua vez, também vale a pena? Essas perguntas essenciais, que inseridas nos fundamentos da existência moderna dessa nação, ainda aguardam respostas definitivas. Pois quem quer que, por fanatismo, vandalismo, falta de cultura ou mesquinhez, sabote o esplendor cultural em curso, vai sabotar a própria existência desse povo.

Traduzido do tcheco para o francês por
Martin Daneš

Um Ocidente sequestrado

Apresentação

Pierre Nora

Publicado em novembro de 1983 em *Le Débat* (n. 27), este artigo, logo traduzido para a maioria das línguas europeias, teve um impacto inversamente proporcional a sua brevidade. Trata-se de cerca de vinte páginas que, no Leste, desencadearam uma onda de reações, discussões, polêmicas, oriundas da Alemanha e da Rússia. E que, no Oeste, contribuíram para, segundo palavras de Jacques Rupnik, "reformular o mapa mental da Europa" antes de 1989. O que há de tão explosivo em tais páginas?

Na época em que o Ocidente via a Europa Central apenas como parte do bloco do Leste, Milan Kundera veementemente recordava ao Ocidente que a Europa Central, devido à cultura, pertencia inteiramente ao Ocidente, e que, no caso dessas "nações pequenas" pouco seguras de sua existência histórica e política (Polônia, Hungria, Tchecoslováquia), a cultura havia sido e ainda era o santuário da identidade.

Kundera, cuja formação era bastante marcada pela renovação das artes, da literatura, do cinema nos anos 1960 na Tchecoslováquia, via nessa vitalidade cultural uma preparação para a Primavera de Praga. Uma cultura que não era privilégio das elites, mas o valor expressivo em torno do qual o povo se reunia. Ele ampliava a reflexão para a herança cultural de toda a Europa Central, com a "grandiosa" revolta da Hungria em 1956 e as revoltas polonesas de 1956, 1968 e 1970. "Europa Central: o máximo de diversidade no mínimo de espaço."

O drama da Europa Central se desdobra no drama do Ocidente, que não quer vê-lo e nem sequer se deu conta de seu desaparecimento; que não sabe avaliar seu alcance por não se ver mais com base em sua dimensão cultural. Na Idade Média, a unidade do Ocidente estava assentada na cristandade; depois, durante a Modernidade, no Iluminismo. E hoje? Ela foi substituída por uma cultura do divertimento, associada aos mercados e às tecnologias da informação. Assim, qual o sentido do projeto europeu?

A qualidade deste texto de Kundera não está apenas na força demonstrativa, mas na voz tão pessoal e angustiada do autor, que naquele momento se impôs como a de um dos maiores escritores europeus.

"Um Ocidente sequestrado" teve papel decisivo na formação de intelectuais franceses como Alain Finkielkraut, em sua defesa das "nações pequenas" por ocasião da guerra da Iugoslávia; no livro *A derrota do pensamento* (1987), e na criação da revista *Le Messager Européen*, no mesmo ano. De maneira mais insidiosa, o artigo preparou os espíritos para a ampliação da Europa em direção aos países do Leste. Quem sabe dizer se, com sua influência difusa, ele não atua ainda na determinação dos países da Europa Central em permanecerem fiéis à própria herança histórica e à identidade cultural?

UM OCIDENTE SEQUESTRADO
ou a tragédia da Europa Central
(1983)

I

Em setembro de 1956, alguns minutos antes de seu escritório ser destruído pela artilharia, o diretor da agência de notícias da Hungria enviou para o mundo inteiro, por telex, uma mensagem desesperada sobre a ofensiva russa desencadeada naquela manhã contra Budapeste. A mensagem terminava com estas palavras: "Nós morremos pela Hungria e pela Europa".

O que essa frase significava? Com certeza significava que os tanques russos punham a Hungria, e com ela a Europa, em perigo. Mas em que sentido a Europa estava em perigo? Os tanques russos estavam dispostos a atravessar as fronteiras húngaras em direção ao Oeste? Não. O diretor da agência de notícias húngara queria dizer que a Europa era um alvo na própria Hungria. Ele estava disposto a morrer para que a Hungria permanecesse Hungria e permanecesse Europa.

Ainda que o significado da frase pareça claro, ela continua a nos intrigar. Na verdade, aqui na França, e nos Estados Unidos, as pessoas estão acostumadas a pensar que o que estava então em jogo não era nem a Hungria, nem a Europa, mas um regime político. Jamais diriam que era a Hungria em si que estava ameaçada, e tampouco entendem por que uma Hungria confrontada com a própria morte interpela a Europa. Quando denuncia a opressão comunista, Alexander Soljenítsin reivindica a Europa como um valor fundamental pelo qual vale a pena morrer?

Não, "morrer por sua pátria e pela Europa" é uma frase que não poderíamos imaginar nem em Moscou, nem em Leningrado, apenas em Budapeste ou em Varsóvia.

2

Na verdade, o que é a Europa para um húngaro, um tcheco, um polonês? Desde o início, essas nações pertenciam à parte da Europa enraizada na cristandade romana. Participaram de todas as fases de sua história. A palavra "Europa" não representa, para elas, um fenômeno geográfico, e sim um conceito de ordem imaterial, sinônimo da palavra "Ocidente". No momento em que a Hungria não é mais Europa, isto é, Ocidente, ela é expelida para além do próprio destino, para além da própria história; ela perde a própria essência de sua identidade.

A Europa geográfica (que vai do Atlântico ao Ural) sempre foi dividida em duas metades que evoluíram em separado: uma, ligada à antiga Roma e à Igreja católica (símbolo distintivo: alfabeto latino); a outra, ancorada em Bizâncio e na Igreja ortodoxa (símbolo distintivo: alfabeto cirílico). Depois de 1945, a fronteira entre essas duas Europas se deslocou algumas centenas de quilômetros no sentido oeste, e algumas nações que sempre se consideraram ocidentais acordaram um belo dia e constataram que se encontravam a leste.

Consequentemente, depois da guerra se constituíram três configurações básicas na Europa: a da Europa Ocidental, a da Europa Oriental e a mais complicada, a dessa parte da Europa geograficamente situada ao centro, culturalmente a oeste e politicamente a leste.

Essa configuração contraditória da Europa que chamo de Central pode nos levar a entender por quê, há 35 anos, é aqui que se concentra o drama da Europa: a grandiosa revolta húngara de 1956, com o massacre sanguinolento que a sucede; a Primavera de Praga e a ocupação da Tchecoslováquia em 1968; as revoltas polonesas em 1956, 1968, 1970 e a dos últimos anos. Nada do que acontece na Europa geográfica, nem pelo conteúdo dramático nem pelo significado histórico, nem a oeste nem a leste, pode ser comparado com essa sequência de revoltas centro-europeias.* Cada uma dessas revoltas foi levada a cabo por quase todo o povo. Se não tivessem sido apoiados pela Rússia, os regimes desses países não teriam resistido mais de três horas. Dito isso, o que acontecia em Praga ou em Varsóvia não pode ser considerado, em essência,

---

* Seria possível incluir, entre essas revoltas, a dos operários berlinenses de 1953? Sim e não. O destino da Alemanha Oriental tem uma característica específica. Não existem duas Polônias; por outro lado, a Alemanha Oriental não passa de uma parte da Alemanha, cuja existência nacional não está de forma alguma ameaçada. Nas mãos dos russos, essa parte desempenha o papel de refém, em relação ao qual a Alemanha Ocidental e a URSS executam uma política muito especial, que não se aplica às nações centro-europeias e que um dia, a meu ver, será feita à custa delas. Talvez seja por isso que não há uma simpatia espontânea entre alemães orientais e os outros. Vimos o que aconteceu quando os cinco exércitos do Pacto de Varsóvia ocuparam a Tchecoslováquia. Os russos, os búlgaros, os alemães orientais eram terríveis e temidos. No entanto, eu poderia contar dúzias de histórias sobre os poloneses e os húngaros, que faziam o impossível para demonstrar sua discordância da ocupação e a sabotavam abertamente. Se a essa conivência polonesa-húngaro--tcheca somarmos a ajuda verdadeiramente entusiasta oferecida pela Áustria aos tchecos e o furor antissoviético que tomou os iugoslavos, constatamos que a ocupação da Tchecoslováquia provocou de imediato a emergência do espaço tradicional da Europa Central com uma clareza impressionante.

o drama da Europa Oriental, do bloco soviético, do comunismo, mas sim, justamente, o drama da Europa Central.

Na verdade, tais revoltas, apoiadas por toda a população, são inimagináveis na Rússia. E são inimagináveis inclusive na Bulgária, país que, como todos sabem, é a parte mais estável do bloco comunista. Por quê? Porque desde a origem a Bulgária faz parte da civilização do Leste, devido à religião ortodoxa, cujos primeiros missionários eram então búlgaros. As consequências da última guerra, assim, significam para os búlgaros uma mudança política, naturalmente considerável e deplorável (lá, os direitos humanos são tão violados quanto em Budapeste), mas não esse choque de civilizações que elas representam para os tchecos, os poloneses, os húngaros.

3

A identidade de um povo ou de uma civilização se reflete e se resume no conjunto de criações de ordem imaterial que costumamos chamar de "cultura". Se essa identidade é ameaçada de morte, a vida cultural se intensifica, se exacerba, e a cultura se torna o valor expressivo em torno do qual se reúne todo o povo. É por isso que, em todas as revoltas centro-europeias, a

memória cultural e a produção contemporânea tiveram papel tão grande e decisivo, mais que em qualquer
outro lugar e mais que em qualquer outra revolta po-
pular europeia.*

Escritores, reunidos em um círculo com o nome
do poeta romântico Sándor Petőfi, desencadearam na
Hungria uma grande reflexão crítica e prepararam assim a explosão de 1956. Durante anos, foram o teatro,
o filme, a literatura e a filosofia que trabalharam pela
emancipação libertária da Primavera de Praga. Foi a
proibição de um espetáculo de Adam Mickiewicz, o
maior poeta romântico polonês, que desencadeou a famosa revolta dos estudantes poloneses em 1968. Esse
casamento feliz entre a cultura e a vida, a criação e o
povo, deixou nas revoltas centro-europeias a marca
de uma beleza inimitável, que deixará — a nós, que as
vivemos — enfeitiçados para sempre.

Isso que eu considero bonito, no sentido mais profundo da palavra, um intelectual alemão ou francês

---

* Um observador externo pode ter dificuldade em entender o
paradoxo: o período pós-1945 é, ao mesmo tempo, o mais trágico e um dos maiores da história cultural da Europa Central.
Seja no exílio (Witold Gombrowicz, Czesław Miłosz), na forma
de uma criação clandestina (a Tchecoslováquia depois de 1968)
ou como atividade tolerada pelas autoridades, obrigadas a ce-
der mediante a pressão da opinião pública, o filme, o romance, o
teatro, a filosofia nascidos nessa época representam o apogeu da
produção europeia.

considera suspeito. Ele tem a impressão de que essas revoltas não são autênticas e realmente populares, se sofrem influência grande demais da cultura. É estranho, mas, para alguns, cultura e povo são conceitos incompatíveis. A ideia de cultura se confunde, aos olhos deles, com a imagem de uma elite de privilegiados. Por isso acolheram o movimento Solidariedade com muito mais simpatia que as revoltas anteriores. Bem, de todo modo o Solidariedade não é diferente, em sua essência, destes últimos movimentos, ele não passa do apogeu daqueles outros: a união mais perfeita (a mais perfeitamente organizada) entre o povo e a tradição cultural perseguida, negligenciada ou oprimida do país.

4

Pode-se dizer o seguinte: mesmo admitindo que os países centro-europeus defendem sua identidade ameaçada, isso não torna a situação deles tão específica. A Rússia se encontra em situação semelhante. Também ela está perdendo a identidade. Na verdade, não é a Rússia, mas o comunismo que priva as nações de sua essência e que, seja dito, fez do povo russo sua primeira vítima. Sim, a língua russa estrangula a língua das outras nações do Império; mas não é que os russos queiram russificar os outros, e sim que a burocracia soviética profundamente anacional, contranacional, supranacional, precisa de uma ferramenta técnica para unificar seu Estado.

Entendo essa lógica, e entendo também a vulnerabilidade dos russos, que sofrem com a ideia de que se confunda o comunismo odiado com sua pátria amada.

Mas é preciso entender também um polonês, cuja pátria, com exceção de um curto período entre as duas guerras, é subjugada pela Rússia há dois séculos e enfrentou durante todo esse tempo uma russificação tão paciente quanto implacável.

Na fronteira oriental do Ocidente que é a Europa Central, sempre se foi muito mais sensível ao perigo da potência russa. E não apenas os poloneses. Frantisek Palacký, o grande historiador e a personalidade mais representativa da política tcheca do século XIX, escreveu em 1848 a famosa carta ao Parlamento revolucionário de Frankfurt, na qual legitimava a existência do Império dos Habsburgo, único bastião possível contra a Rússia, "essa potência que, tendo hoje uma enorme grandeza, aumenta sua força mais do que qualquer país ocidental". Palacký alertou contra as ambições imperiais da Rússia, que tenta se tornar "monarquia universal", isto é, que aspira à dominação do mundo. A "monarquia universal da Rússia", diz Palacký, "seria uma desgraça imensa e indizível, uma desgraça sem medida e sem limites".

Segundo Palacký, a Europa Central deveria ter sido o lar das nações igualitárias que, com respeito mútuo, protegidas por um Estado comum e forte, cultivariam suas diversas originalidades. Embora não tenha jamais se realizado plenamente, esse sonho, compartilhado por todas as grandes cabeças centro-europeias, permaneceu no entanto forte e influente. A Europa Central queria ser a imagem condensada da Europa e de sua riqueza heterogênea, uma pequena Europa arquieuropeia, uma miniatura da Europa das nações concebida sob a regra "o máximo de diversidade no mínimo de espaço". Como ela não ficaria horrorizada com a Rússia, que, diante dela, se fundava sob a regra oposta: o mínimo de diversidade no máximo de espaço?

Na verdade, nada é mais estrangeiro à Europa Central e à sua paixão pela diversidade que a Rússia, uniforme, uniformizante, centralizadora, que transformava com uma temível determinação todas as nações de seu Império (ucranianos, bielorrussos, armênios, letões, lituanos etc.) em um único povo russo (ou, como se prefere dizer hoje, neste momento de mistificação generalizada do vocabulário, um único povo soviético).

Dito isso, o comunismo é a negação da história russa ou, em vez disso, sua realização?

Ele com certeza é sua negação (negação de sua religiosidade, por exemplo) e simultaneamente sua realização (realização de suas tendências centralizadoras e de seus sonhos imperiais).

Do ponto de vista interno da Rússia, o primeiro aspecto, o da descontinuidade, é mais marcante. Do ponto de vista dos países subjugados, é o segundo aspecto, o da continuidade, o que se percebe com mais intensidade.*

5

Não estou, porém, criando uma oposição entre a Rússia e a civilização ocidental de um maneira absoluta demais? Embora dividida em suas partes ocidental e oriental, a Europa não é, apesar de tudo, uma única entidade ancorada na Grécia Antiga e no pensamento dito judaico-cristão?

Claro que sim. As longínquas raízes antigas unem a

---

* Leszek Kołakowski disse: "Ainda que, como Soljenítsin, eu acredite que o sistema soviético superou o czarismo em sua característica opressora [...], não chego a ponto de idealizar o sistema contra o qual meus ancestrais lutaram em condições terríveis, foram mortos, foram torturados e sofreram humilhações [...]. Acredito que Soljenítsin tende a idealizar o czarismo, o que nem eu, nem qualquer outro polonês, sem dúvida, pode aceitar" (*Zeszyty Literackie*, n. 2, Paris, 1983).

Rússia a nós. Além disso, ao longo de todo o século XIX, a Rússia se aproximou da Europa. O fascínio era recíproco. Rainer Maria Rilke declara a Rússia sua pátria espiritual, e ninguém escapou da força do grande romance russo, que segue inseparável da cultura europeia comum.

Sim, tudo isso é verdade, e o noivado cultural das duas Europas seguirá como uma grande recordação.* Mas não é menos verdadeiro que o comunismo russo reavivou vigorosamente as velhas obsessões antiocidentais da Rússia e a arrancou com brutalidade da história ocidental.

Gostaria de destacar isto mais uma vez: é na fronteira oriental do Ocidente que, mais que em qualquer outro lugar, a Rússia é vista como um Antiocidente; ela parece não só uma potência europeia entre outras, mas uma civilização particular, uma *outra* civilização.

Czesław Miłosz fala disso em seu livro *Une autre*

---

* O casamento russo-ocidental mais feliz é a obra de Ígor Stravinski, que resume toda a história milenar da música ocidental e, ao mesmo tempo, por sua imaginação musical, continua sendo profundamente russo. Outro excelente casamento foi realizado na Europa Central em duas óperas magníficas de um grande russófilo, Leoš Janáček: uma, a partir de Aleksandr Ostróvski (*Kátia Kabanová*, 1924) e outra, que admiro infinitamente, a partir de Fiódor Dostoiévski (*Escritos da casa morta*, 1928). Mas é muito sintomático que essas óperas jamais tenham sido apresentadas na Rússia e que sejam mesmo desconhecidas nesse país. A Rússia comunista rejeita os casamentos desiguais com o Ocidente.

Europe [Uma outra Europa]: nos séculos XVI e XVII, os poloneses viam os moscovitas como "bárbaros contra os quais batalhávamos nas fronteiras distantes. Não tínhamos nenhum interesse especial por eles [...]. Foi nessa época, quando a leste só havia o vazio, que surgiu para os poloneses a concepção de uma Rússia situada 'no exterior', fora do mundo".*

Parecem "bárbaros" aqueles que representam um outro universo. Os russos ainda são vistos assim pelos poloneses. Kazimierz Brandys conta esta história: um escritor polonês encontrou Anna Akhmátova, a grande poeta russa. O polonês estava se queixando de sua situação: todas as obras dele haviam sido proibidas. Ela o interrompeu: "Você foi preso?". O polonês respondeu que não. "Você ao menos foi expulso da União dos Escritores?" "Não." "Então do que você está se queixando?" Akhmátova estava sinceramente intrigada.

E Brandys comenta:

---

* Nem o prêmio Nobel deu um chacoalhão na indiferença estúpida dos editores europeus em relação a Miłosz. No fim das contas, ele é sutil demais, e um poeta grande demais para se tornar uma personalidade de nosso tempo. Seus dois livros de ensaios, *A mente aprisionada* (1953) e *Une autre Europe* (1959), de onde tiro minha citação, são as primeiras análises finas, não maniqueístas, do comunismo russo e de seu *Drang nach West* [avanço para o oeste, em referência ao *Drang nach Osten*, movimento expansionista alemão em territórios eslavos da Europa Central, no século XIX].

Os consolos russos são assim. Nada lhes parece tão horrível em comparação com o destino da Rússia. Mas esses consolos não fazem nenhum sentido. O destino russo não faz parte de nossa consciência; ele nos é estrangeiro; não somos responsáveis por ele. Ele recai sobre nós, mas não é herança nossa. Essa é também minha relação com a literatura russa. Ela me assustou. Até hoje fico horrorizado com algumas novelas de [Nikolai] Gógol e com tudo que [Mikhail] Saltykov-Shchedrin escreveu. Preferiria não conhecer o mundo deles, não saber que ele existe.*

As palavras sobre Gógol não manifestam uma rejeição à arte de Gógol, que fique claro, mas o horror do *mundo* evocado por essa arte: esse mundo nos fascina e nos atrai quando está longe e revela toda sua terrível estrangeiridade no momento em que nos cinge de perto: ele tem outra dimensão (maior) da tristeza, outra imagem do espaço (um espaço tão imenso que nações inteiras se perdem nele), outro ritmo (lento e paciente), outra maneira de rir, de viver, de morrer.**

---

* Li num só fôlego o manuscrito da tradução norte-americana desse livro de Brandys, que em polonês se intitula *Miesiace* [Os meses] e, em inglês, *Warsaw Diary* [Diário de Varsóvia]. Se não quiser permanecer na superfície dos comentários políticos e quiser se aprofundar no essencial do drama polonês, aconselho a não perder esse grande livro!
** O texto mais bonito e lúcido que já li sobre a Rússia como civilização singular é o de Emil Cioran, intitulado "A Rússia e o

57

É por isso que após 1945 a Europa que chamo de Central percebe a mudança de seu destino não apenas como catástrofe política, mas como questionamento de sua civilização. Sua resistência tem como significado profundo a defesa de sua identidade; ou, dizendo de outro modo, a defesa de sua ocidentalidade.

6

Não temos mais ilusões em relação ao regime dos países-satélites da Rússia. Mas esquecemos a essência de sua tragédia: eles desapareceram do mapa do Ocidente.

Como se explica que esse aspecto do drama tenha permanecido quase invisível?

Pode-se explicar implicando, em primeiro lugar, a própria Europa Central.

---

vírus da liberdade", publicado no livro *História e utopia* (1960). *La Tentation d'exister* [A tentação de existir] (1956) contém outras considerações excelentes sobre a Rússia e a Europa. Acho que Cioran é um dos raros pensadores que ainda se questionam sobre o assunto fora de moda que é a Europa, em sua dimensão plena. Aliás, não é Cioran como escritor que se questiona, mas Cioran como centro-europeu, oriundo da Romênia, país "constituído para desaparecer, perfeitamente organizado para ser devorado" (*La Tentation d'exister*). Só se pode pensar a Europa como Europa devorada.

Os poloneses, os tchecos, os húngaros tiveram uma história movimentada, fragmentada e uma tradição de Estado menos forte e contínua que a dos grandes povos europeus. Encurraladas de um lado pelos alemães, de outro pelos russos, essas nações exauriram suas forças na luta pela sobrevivência e pela língua. Sem meios de ingressar suficientemente na consciência europeia, elas permaneceram a parte menos conhecida e mais frágil do Ocidente, escondidas, além disso, atrás da cortina de línguas estranhas e pouco acessíveis.

O Império austríaco teve uma grande oportunidade de criar um Estado forte na Europa Central. Infelizmente, os austríacos estavam divididos entre o nacionalismo arrogante da Grande Alemanha e sua própria missão centro-europeia. Não conseguiram construir um Estado federativo de nações igualitárias, e seu fracasso se tornou a infelicidade de toda a Europa. Insatisfeitas, as outras nações centro-europeias fizeram o Império explodir em 1918, sem se dar conta de que, apesar das insuficiências, ele era insubstituível. Assim, depois da Primeira Guerra Mundial, a Europa Central se transformou em uma região de pequenos Estados vulneráveis, cuja fraqueza permitiu as primeiras conquistas de Hitler e o triunfo final de Stálin. Talvez, no inconsciente coletivo europeu, esses países ainda fossem equivalentes a desordeiros perigosos.

* * *

Por fim, e para ser sincero, vejo a responsabilidade da Europa Central nisso que chamarei de "ideologia do mundo eslavo". Escolho a palavra "ideologia" por ela não passar de uma mistificação política criada no século XIX. Os tchecos (apesar da dura advertência das personalidades mais representativas desse povo) adoravam brandi-la ao se defenderem ingenuamente contra a agressividade alemã; os russos, por sua vez, usaram-na de bom grado para justificar objetivos imperiais. "Os russos adoram chamar de 'eslavo' tudo o que é russo, para depois poder chamar de 'russo' tudo o que é eslavo", declarou já em 1844 o grande escritor tcheco Karel Havlíček,* que alertava os compatriotas

---

* Karel Havlíček Borovský tinha 22 anos quando, em 1843, viajou para a Rússia, onde ficou durante um ano. Chegou lá como eslavófilo entusiasta e logo se tornou um dos críticos mais severos da Rússia. Ele expressa suas opiniões em cartas e artigos, depois reunidos em um livro breve. Trata-se de outras "cartas da Rússia", escritas quase no mesmo ano que as de [Marquês de] Custine. Elas dizem respeito aos julgamentos do viajante francês. (As semelhanças são frequentemente divertidas. Custine: "Se seu filho está infeliz na França, siga meu conselho: diga-lhe para ir à Rússia. Quem conheceu esse país a fundo ficará eternamente satisfeito por viver em outro lugar". Havlíček: "Se quer fazer um verdadeiro favor aos tchecos, pague a eles uma viagem a Moscou!".) Essa semelhança é ainda mais importante considerando-se que Havlíček, plebeu, patriota tcheco, não pode ser suspeito de ter viés ou preconceito contra os russos. Havlíček é a personali-

contra sua russofilia tola e irrealista. Irrealista pois, durante sua história milenar, os tchecos jamais tiveram contato direto com a Rússia. Apesar do parentesco linguístico, não compartilhavam com os russos nenhum *mundo* comum, nenhuma história comum, nenhuma cultura comum, enquanto a relação entre poloneses e russos não passava de uma luta de vida ou morte.

Há cerca de sessenta anos, Jósef Konrad Korzeniowski, conhecido como Joseph Conrad, irritado com a etiqueta de "alma eslava" que adoravam colar nele e em seus livros devido à sua origem polonesa, escreveu: "Nada é mais estrangeiro ao temperamento polonês, com seu sentimento cavalheiresco de regras morais e seu respeito exagerado aos direitos individuais, do que isso que chamam, no mundo literário, de 'espírito eslavo'". (Como eu o compreendo! Também não conheço algo mais ridículo que esse culto das profundezas obscuras, essa sentimentalidade candente e vazia que chamam de "alma eslava" e que atribuem a mim de tempos em tempos!)*

---

dade mais representativa da política tcheca do século XIX, haja vista a influência que exerceu em František Palacký e sobretudo em Tomáš Masaryk.

* Existe uma pequena obra divertida chamada *How To Be an Alien* [Como ser um forasteiro], em que, no capítulo intitulado "Soul and Understatement" [Alma e eufemismo], o autor fala da alma eslava. "O pior tipo de alma é a grande alma eslava. Aqueles que têm essa alma eslava costumam ser pensadores muito pro-

Ainda assim, a ideia de mundo eslavo se tornou um lugar-comum da historiografia mundial.* A divisão da Europa depois de 1945, que unificou esse suposto "mundo" (incluindo nele também os pobres húngaros e romenos, cuja língua, naturalmente, não é eslava; mas quem prestaria atenção a um detalhe desses?), pôde então parecer uma solução quase natural.

7

É responsabilidade da Europa Central, portanto, se o Ocidente nem sequer se deu conta de seu desaparecimento?

Não completamente. Apesar da fraqueza polí-

---

fundos. Adoram dizer, por exemplo: 'Em alguns momentos estou feliz, em alguns momentos estou triste. Como você poderia me explicar?'. Ou então: 'Sou enigmático. Há momentos em que eu desejaria ser qualquer outra pessoa, que não eu'. Ou então: 'Quando estou sozinho em uma floresta à meia-noite e salto de uma árvore para outra, sempre penso que a vida é estranha'."
Quem ousa zombar da grande alma eslava? Naturalmente, um autor de origem húngara, George Mikes. É só na Europa Central que a alma eslava soa ridícula.
* Abra-se por exemplo a *Histoire universelle* [História universal] da Encyclopédie de La Pléiade. Encontramos o reformador da Igreja católica, Jan Hus, não no mesmo capítulo de Lutero, mas no de Ivan, o Terrível! E vamos procurar em vão um texto básico sobre a Hungria. Como não podem ser incluídos no "mundo eslavo", os húngaros não têm lugar no mapa da Europa.

tica, no início de nosso século a Europa Central se tornou um grande centro de cultura, talvez o maior. Quanto a isso, é bem conhecida hoje a importância de Viena, mas nunca é demais lembrar que a originalidade da capital austríaca é impensável sem o pano de fundo dos outros países e cidades que, de resto, também participaram, com a própria criatividade, da cultura centro-europeia como um todo. Se a escola de Arnold Schönberg fundou o sistema dodecafônico, o húngaro Béla Bartók, para mim um dos dois ou três maiores músicos do século XX, soube encontrar a última possibilidade original da música fundada no princípio tonal. Praga criou, com a obra de Franz Kafka e Jaroslav Hašek, um grande par romanesco para a obra dos vienenses Robert Musil e Hermann Broch. O dinamismo cultural dos países não germanófonos se intensificou mais depois de 1918, quando Praga trouxe ao mundo a iniciativa do círculo linguístico de Praga e de seu pensamento estruturalista.* A grande

---

* Na verdade, o pensamento estruturalista nasceu em torno do fim dos anos 1920, no Círculo Linguístico de Praga. O grupo era formado por estudiosos tchecos, russos, alemães e poloneses. Foi nesse meio muito cosmopolita que, durante os anos 1930, Jan Mukařovský elaborou sua estética estrutural. O estruturalismo de Praga estava organicamente enraizado no formalismo tcheco do século XIX. (As tendências formalistas eram mais fortes na Europa Central que em outros lugares, a meu ver devido ao lugar dominante que ali ocupavam a música e, por conseguinte,

trindade Witold Gombrowicz, Bruno Schulz e Stanisław Witkiewicz foi o prenúncio, na Polônia, do modernismo europeu dos anos 1950, notadamente o teatro chamado "do absurdo".

Uma questão se impõe: toda essa grande explosão criativa foi somente coincidência geográfica? Ou ela estava enraizada em uma longa tradição, em um passado? Em outras palavras: podemos falar da Europa Central como uma verdadeira totalidade cultural com a própria história? E, se tal totalidade existe, pode ser definida em termos geográficos? Quais são suas fronteiras?

Seria inútil querer defini-las com exatidão. Pois a Europa Central não é um Estado, e sim uma cultura ou um destino. As fronteiras são imaginárias e devem ser traçadas e retraçadas com base em cada nova conjuntura histórica.

_____

a musicologia, que é "formalista" em sua essência.) Inspirado no ímpeto recente do formalismo russo, Mukařovský ultrapassava radicalmente seu caráter unilateral. Os estruturalistas foram os aliados dos poetas e dos pintores da vanguarda de Praga (antecipando assim a aliança criada na França trinta anos depois). Com sua influência, protegeram a arte da vanguarda da interpretação rigidamente ideológica que sempre acompanhava a arte moderna. A obra de Mukařovský, conhecida no mundo todo, nunca foi publicada na França. (Em 2018, dezoito artigos do teórico e crítico literário tcheco foram publicados na coletânea francesa *Jan Mukařovský: Écrits 1928-1946*; em português, *Escritos sobre estética e semiótica da arte* saiu em 1988 pela lisboeta Editorial Estampa. [N. T.])

Por exemplo, já em meados do século xiv, a Universidade Charles reuniu, em Praga, intelectuais (professores e estudantes) tchecos, austríacos, bávaros, saxões, poloneses, lituanos, húngaros e romenos, já com a ideia em germe de uma comunidade multinacional em que cada um tem direito à própria língua: na verdade, foi sob influência indireta dessa universidade (cujo reitor era o reformador Jan Huss) que surgiram naquele momento as primeiras traduções da Bíblia em húngaro e em romeno.

Sucederam-se depois as outras conjunturas: a Revolução Hussita; o esplendor internacional do Renascimento húngaro na época de Matias Corvino; a formação do Império dos Habsburgo como a união pessoal de três Estados independentes: a Boêmia, a Hungria e a Áustria; as guerras contra os turcos; a Contrarreforma no século xvii. Nessa época, a especificidade cultural centro-europeia ressurge com estrondo graças ao extraordinário florescimento da arte barroca, que une essa vasta região, de Salzburgo a Vilnius. Assim, no mapa europeu, a Europa Central barroca (caracterizada pela predominância do irracional e pelo papel dominante das artes plásticas e sobretudo da música) torna-se o polo oposto da França clássica (caracterizada pela predominância do racional e pelo papel dominante da literatura e da filosofia). É nesse período do barroco que estão as raízes da expansão extraordinária da música centro-europeia, que, de Joseph Haydn a Arnold Schönberg, de Franz Liszt a Béla Bartók, condensa em si a evolução de toda a música europeia.

No século XIX, as lutas nacionais (dos poloneses, dos húngaros, dos tchecos, dos croatas, dos eslovenos, dos romenos, dos judeus) opõem, uma contra outra, nações que, embora não solidárias, isoladas e fechadas em si mesmas, viviam a mesma grande experiência existencial comum: a de uma nação que fez uma escolha entre existir e não existir; em outras palavras, entre a vida nacional autêntica e a assimilação a uma nação maior.

Mesmo os austríacos, a nação dominante do Império, não conseguiram escapar da necessidade dessa escolha; precisaram fazer a escolha entre a identidade austríaca e a fusão à entidade alemã maior. Tampouco os judeus conseguiram evitar tal questão. Ao recusar a assimilação, o sionismo, nascido aliás na Europa Central, escolheu tão somente o mesmo caminho de todas as nações centro-europeias.

O século XX viu outras conjunturas: o colapso do Império, a anexação russa e o longo período de revoltas centro-europeias, que não passam de uma grande aposta na solução desconhecida.

O que definiu e determinou a configuração centro-europeia não pode ser, portanto, as fronteiras políticas (que não são autênticas, por serem sempre impostas por invasões, conquistas e ocupações), mas as *grandes conjunturas comuns* que juntam os povos e que os reúnem sempre de um modo diferente, em fronteiras imaginárias e sempre mutáveis, no interior das quais subsiste a mesma memória, a mesma experiência, a mesma comunhão de tradições.

8

Os pais de Sigmund Freud eram da Polônia, mas foi na Morávia, meu país natal, que o pequeno Sigmund passou a infância, assim como Edmund Husserl e Gustav Mahler; também o romancista vienense Joseph Roth tem raízes na Polônia; o grande poeta tcheco, Julius Zeyer, nasceu em Praga, em uma família germanófona, e a língua tcheca foi a escolhida por ele. Por sua vez, a língua materna de Hermann Kafka era o tcheco, enquanto seu filho Franz adotou a língua alemã. O escritor Tibor Déry, personalidade-chave da revolta húngara de 1956, era de uma família germano-húngara, e meu querido Danilo Kiš, excelente romancista, é húngaro-iugoslavo. Que emaranhado de destinos nacionais entre as personalidades mais representativas!

E todos esses que mencionei são judeus. Na verdade, nenhum lugar do mundo foi tão profundamente marcado pelo gênio judeu. São estrangeiros e estão em casa em qualquer lugar, educados para estar acima das disputas nacionais; no século XX, os judeus eram o principal elemento cosmopolita e integrador da Europa Central, seu cimento intelectual, a condensação de seu espírito, o criador de sua unidade de espírito. É por isso que adoro a herança judaica e sou afeiçoado a ela com paixão e nostalgia, como se fosse minha própria herança pessoal.

Outra coisa faz a nação judaica ser tão cara a mim: é no destino dela, a meu ver, que o futuro centro-europeu se concentra, se reflete e encontra uma imagem simbólica para si. O que é a Europa Central? A região indeterminada de nações pequenas entre a Rússia e a Alemanha. Destaco as palavras: *nações pequenas*. Na verdade, o que são os judeus senão uma nação pequena, *a* nação pequena por excelência? A única nação pequena de todos os tempos que sobreviveu aos impérios e à marcha devastadora da História.

Mas o que é nação pequena? Apresento-lhes minha definição: nação pequena é aquela cuja existência pode, a qualquer momento, ser questionada, que pode desaparecer, sabe-se lá o que mais. Um francês, um russo, um inglês não costumam se perguntar a respeito da sobrevivência de sua nação. Seus hinos falam apenas de grandeza e eternidade. Bem, o hino polonês começa com os versos: "A Polônia ainda não pereceu...".

Como lar das nações pequenas, a Europa Central tem uma visão de mundo própria, baseada na desconfiança profunda a respeito da História. A História, essa deusa de Hegel e de Marx, essa encarnação da Razão que arbitra e nos julga, é a História dos vencedores. Ora, os povos centro-europeus não são vencedores. Eles são inseparáveis da História europeia, não existem sem ela, mas representam apenas o avesso dessa História, suas vítimas e seus outsiders. Nessa experiência histórica desencantada está a fonte de originalidade de sua cultura, de sua sabedoria, de seu "espírito brincalhão" que faz troça da grandeza e da glória. "Não esqueçamos que é ao nos opormos à História propriamente dita que podemos nos posicionar contra essa de hoje." Gostaria de gravar essa frase de Witold Gombrowicz na porta de entrada da Europa Central.*

É por isso que nessa região de nações pequenas

---

* Gosto bastante de dois livros sobre a "visão centro-europeia do mundo": o primeiro, mais literário, se chama *L'Europe centrale: l'anedocte et l'histoire* [A Europa Central: a anedota e a história]: ele é anônimo (assinado por Josef K.) e circula, datilografado, em Praga; o segundo, mais filosófico, é *Il mondo della vita: un problema politico* [O mundo da vida: um problema político]; o autor é um filósofo genovês, Václav Bělohradský. Este livro, publicado na França pela editora Verdier, merece grande atenção. Faz um ano que a questão centro-europeia é trabalhada em um periódico muito importante, editado pela Universidade de Michigan: *Cross Currents, a Yearbook of Central European Culture*.

que "ainda não pereceram" a vulnerabilidade da Europa, de toda a Europa, foi visível de modo mais nítido e antes que em outros lugares. Na verdade, em nosso mundo moderno, no qual o poder tende a se concentrar cada vez mais nas mãos de alguns poucos e grandes, *todas* as nações europeias correm o risco de, em breve, tornarem-se nações pequenas e enfrentar o mesmo futuro que elas. Nesse sentido, o destino da Europa Central parece ser a antecipação do destino europeu de modo geral, e sua cultura passa imediatamente a ter enorme atualidade.

Basta ler os maiores romances centro-europeus:* em *Os sonâmbulos*, de Hermann Broch, a História parece um processo de degradação dos valores; *Um homem sem qualidades*, de Robert Musil, retrata uma sociedade eufórica, que não sabe que vai desaparecer amanhã; em *As aventuras do bom soldado Svejk*, de Jaroslav Hašek, simular-se idiota é a última possibilidade de preservar a liberdade; as visões romanescas de Kafka nos falam do mundo sem memória, do mundo pós-tempo histórico. Toda grande criação centro-europeia do início do nosso século, até os dias de

---

* O escritor francês que há tempos se refere ao romance centro-europeu (para quem esse romance não se limita aos romances vienenses, mas engloba também o romance tcheco e o polonês) é Pascal Lainé. Ele diz coisas interessantes em seu livro de entrevistas, *Si j'ose dire* [Se ouso dizer] (Mercure de France).

hoje, poderia ser entendida como uma longa medita-
ção sobre o possível fim da humanidade europeia.

9

Hoje a Europa Central é subjugada pela Rússia,
com exceção da pequena Áustria, que, mais por oportunidade que por necessidade, manteve a independência, mas que, retirada do ambiente centro-europeu,
perde grande parte da especificidade e toda sua importância. O desaparecimento do lar centro-europeu
foi com certeza um dos grandes acontecimentos do
século para toda a civilização ocidental. Assim, repito
minha pergunta: como é possível que tenha permanecido despercebido e não nomeado?

Minha resposta é simples: a Europa não notou o
desaparecimento de seu grande lar cultural porque a
Europa não percebe mais sua unidade como unidade
cultural.

Em que, de fato, se baseia a unidade da Europa?

Na Idade Média, baseava-se na religião comum.

Na Modernidade, quando o Deus medieval se
transformou em *Deus absconditus*, a religião cedeu lugar à cultura, que se tornou a realização dos valores
supremos por meio dos quais a humanidade europeia
entendia-se, definia-se, identificava-se.

Ora, parece-me que em nosso século outra mudança se aproxima, tão importante quanto essa que separa a época medieval da Modernidade. Assim como Deus outrora cedeu lugar à cultura, hoje é a cultura, por sua vez, que cede lugar.

Mas a quem e a quê? Em que domínio se realizarão os valores supremos capazes de unir a Europa? As proezas da técnica? O mercado? A mídia? (O grande poeta será substituído pelo grande jornalista?) Ou então a política? Mas qual política, a de direita ou a de esquerda? Para além desse maniqueísmo tão tolo quanto insuperável, ainda há como discernir um ideal comum? Seria o princípio da tolerância, o respeito pela crença e pelo pensamento do outro? No entanto, essa tolerância não se torna vazia e inútil, se não protege mais nenhuma criação rica e nenhum pensamento de peso? Ou poderíamos entender a renúncia da cultura como uma espécie de libertação, à qual devemos nos abandonar, em euforia? Ou então o *Deus absconditus* retornará para ocupar seu lugar vago e fazer-se visível? Não sei, não sei mesmo. Só sei que a cultura cedeu seu lugar.

Hermann Broch era obcecado por essa ideia desde os anos 1930. Ele disse, por exemplo: "A pintura se tornou algo completamente esotérico e dependente do mundo dos museus; ninguém mais se interessa por ela e por seus problemas, ela é quase o resquício de um passado".

Essas palavras foram surpreendentes à época; hoje não são mais. Nos últimos anos, fiz uma pequena pesquisa pessoal, perguntando inocentemente para as pessoas que encontrava qual era seu pintor contemporâneo favorito. Constatei que ninguém tinha um pintor contemporâneo favorito, e que a maioria nem sequer conhecia algum.

Essa situação era impensável trinta anos atrás, na geração de Henri Matisse e Pablo Picasso. Nesse meio-tempo, a pintura perdeu relevância, ela se tornou uma atividade marginal. Será que isso aconteceu pelo fato de não ser mais boa? Ou porque perdemos o gosto e os sentidos para ela? Em todo caso, a arte que criou o estilo das épocas, que acompanhou a Europa ao longo dos séculos, ela nos abandona, ou então fomos nós que a abandonamos.

E a poesia, a música, a arquitetura, a filosofia? Também elas perderam a capacidade de forjar a unidade europeia, de constituir sua base. É uma mudança tão importante para a humanidade europeia quanto a descolonização da África.

10

Franz Werfel passou o primeiro terço da vida em Praga, o outro em Viena e o último como imigrante, a princípio na França, depois nos Estados Unidos; essa é uma biografia tipicamente centro-europeia. Está em Paris em 1937, com a esposa, a famosa Alma, viúva de Mahler, a convite do Instituto Internacional de Cooperação Intelectual da Liga das Nações para um colóquio que deveria tratar do "futuro da literatura". Em sua conferência, Werfel contesta não apenas o hitlerismo, mas o perigo totalitário de modo geral, a estupidificação ideológica e jornalística de nosso tempo, que mataria a cultura. Ele termina a conferência com uma proposta que pensava ser capaz de refrear o processo infernal: fundar uma academia mundial de poetas e pensadores (Weltakademie der Dichter und Denker). Em nenhuma hipótese seus membros seriam representantes de Estados. A escolha deveria ser feita em função do valor da obra deles. O número de membros, entre os maiores escritores do mundo, deveria se situar entre 24 e 40. A missão dessa academia, independentemente da política e da propaganda, seria "fazer frente à politização e à barbarização do mundo".

Além de não ter sido aceita, a proposta foi ridicularizada. É claro, era ingênua. Terrivelmente ingênua.

74

Como criar essa academia independente em um mundo politizado, em que os artistas e pensadores já estavam irremediavelmente "engajados"? Ela só poderia ter o aspecto cômico de uma assembleia de espíritos superiores.

Ainda assim, essa proposta ingênua me parece comovente, por trair a necessidade desesperada de ainda encontrar uma autoridade moral em um mundo desprovido de valores. Ela não passava de um desejo angustiado de fazer a voz inaudível da cultura, a voz dos *Dichter und Denker*, ser escutada.*

Tal história se confunde, em minha memória, com a lembrança da manhã em que, depois de revistar o apartamento, a polícia confiscou mil páginas do manuscrito filosófico de um amigo, um célebre filó-

---

* A conferência de Werfel não era, em si, nada ingênua, e não perdeu sua atualidade. Ela me lembra outra conferência, a de Robert Musil no Congresso para a Defesa da Cultura, em Paris, em 1935. Assim como Werfel, ele via perigo não apenas no fascismo, mas também no comunismo. A defesa da cultura não significa, para ele, o engajamento da cultura em uma luta política (como todo mundo pensava na época), mas, ao contrário, o engajamento na proteção da cultura contra o processo de estupidificar a politização. Ambos se dão conta de que, no mundo moderno da técnica e da mídia, não há grandes esperanças para a cultura. As opiniões de Musil e de Werfel foram muito mal recebidas em Paris. No entanto, em todas as discussões político-culturais que escuto ao meu redor, não teria quase nada a acrescentar ao que Werfel e Musil disseram, e nesses momentos me sinto muito ligado a eles, nesses momentos me sinto irremediavelmente centro-europeu.

sofo tcheco. Nesse mesmo dia, passeamos pelas ruas de Praga. Descemos de Hradčany, onde ele morava, em direção à ilha de Kampa; atravessamos a ponte Mánes. Ele tentava fazer piada: como os meganhas iam decifrar sua linguagem filosófica, tão hermética? Mas piada alguma tranquilizaria sua angústia, remediaria os dez anos de trabalho perdido representado por esse manuscrito, do qual o filósofo não tinha nenhuma cópia.

Discutimos a possibilidade de enviar uma carta aberta ao exterior para transformar esse confisco em um escândalo internacional. Para nós, estava claro que precisávamos nos dirigir não a uma instituição ou a um chefe de Estado, mas a uma personalidade que se situasse acima da política, alguém que representasse um valor indiscutível, aceito amplamente na Europa. Logo, uma personalidade da cultura. Onde estava, porém, essa pessoa?

De súbito, compreendemos que essa personalidade não existia. Sim, havia grandes pintores, dramaturgos e músicos, mas eles não ocupavam na sociedade esse lugar privilegiado de autoridade moral que a Europa aceitaria como seu representante simbólico. A cultura não existia mais como o campo em que se realizavam os valores supremos.

Caminhamos em direção à praça da cidade velha, perto de onde eu morava então, e sentimos uma solidão imensa, um vazio, o vazio do espaço europeu de onde a cultura ia embora lentamente.*

II

A última lembrança do Ocidente que os países centro-europeus guardam de sua própria experiência é a do período entre 1918 e 1938. Eles se apegam a esse período mais do que a qualquer outra época de sua história (as pesquisas realizadas clandestinamente provam isso). A imagem que eles têm do Ocidente é, portanto, a imagem do Ocidente de ontem; do Ocidente em que a cultura ainda não havia cedido completamente seu lugar.

Nesse sentido, gostaria de destacar uma circunstância significativa: as revoltas centro-europeias não foram apoiadas pelos jornais, pelas rádios ou pela

---

* Depois de uma longa hesitação, ele acabou enviando a carta — para Jean-Paul Sartre. Sim, Sartre ainda era a última grande figura mundial da cultura: no entanto, foi justamente ele que, na minha opinião, por sua concepção de "engajamento", fundou a base teórica de uma abdicação da cultura como força autônoma, específica e irredutível. De todo modo, Sartre reagiu prontamente a essa carta de meu amigo publicando um texto no *Le Monde*. Sem essa intervenção, não creio que a polícia teria enfim (quase um ano depois) devolvido o manuscrito ao filósofo. No dia do enterro de Sartre, meu amigo de Praga me veio à lembrança: agora, não haveria mais nenhum destinatário para sua carta.

televisão, isto é, pela mídia. Foram preparadas, executadas, realizadas pelos romances, pela poesia, pelo teatro, pelo cinema, pela historiografia, pelas revistas literárias, pelos espetáculos cômicos populares, pelas discussões filosóficas, isto é, pela cultura. Os veículos de massa que, para um francês ou um norte-americano, confundem-se com a própria imagem do Ocidente contemporâneo, não tiveram nenhum papel nessas revoltas (eles estavam completamente subjugados pelo Estado).*

É por isso que, quando os russos ocuparam a Tchecoslováquia, a primeira consequência foi a destruição completa da cultura tcheca propriamente dita. Havia três propósitos nessa destruição: primeiro, destruiu-se o centro da oposição; em segundo lugar, minou-se a identidade da nação para que ela pudesse ser digerida mais facilmente pela civilização russa; em terceiro lugar, deu-se um fim violento à Modernidade, isto é, a essa época em que a cultura ainda representava a realização dos valores supremos.

Essa terceira consequência é a que me parece mais importante. Na verdade, a civilização do tota-

---

* No entanto, é preciso mencionar uma exceção célebre: durante os primeiros dias da ocupação russa da Tchecoslováquia, foram o rádio e a televisão que, em emissões clandestinas, tiveram papel de fato notável. Mas, mesmo então, era sempre a voz dos representantes da cultura que prevalecia.

litarismo russo é a negação radical do Ocidente tal como ele nasceu, na aurora da Modernidade, fundado sobre o ego que pensa e duvida, caracterizado por uma produção cultural concebida como expressão desse ego único e inimitável. A invasão russa lançou a Tchecoslováquia a uma época "pós-cultura" e assim a expôs, desarmada e nua, diante do Exército russo e da televisão estatal onipresente.

Ainda abalado por esse acontecimento triplamente trágico que foi a invasão de Praga, cheguei à França e tentei explicar aos meus amigos franceses o massacre da cultura ocorrido após a invasão: "Imaginem! Acabaram com todas as revistas literárias e culturais! Todas, sem exceção! Isso nunca aconteceu na história tcheca, nem mesmo na ocupação nazista durante a guerra!".

Bem, meus amigos me olhavam com uma complacência constrangida, cujo significado entendi depois. Na verdade, a nação inteira ficou sabendo quando acabaram com todas as revistas da Tchecoslováquia, e foi com angústia que ela compreendeu o imenso significado desse acontecimento.* Se na França ou na

---

* O semanário *Literarni noviny* [Jornal literário], com tiragem de 300 mil exemplares (em um país de 10 milhões de habitantes), era editado pela União dos Escritores Tchecos. Foi ele que, ao longo dos anos, preparou a Primavera de Praga e na sequência foi sua tribuna. Na estrutura, esse jornal não se assemelha a semanários como a *Time*, que, todos parecidos, se espalharam

Inglaterra todas as revistas desaparecessem, ninguém perceberia, nem os editores. Em Paris, mesmo nos círculos mais cultivados, durante o jantar as discussões giram em torno dos programas de televisão, e não das revistas. Porque a cultura já cedeu lugar. Seu desaparecimento, que em Praga vivemos como uma catástrofe, um choque, uma tragédia, é vivido em Paris como algo banal e insignificante, quase não visível, como um não acontecimento.

12

Depois da destruição do Império, a Europa Central perdeu seu bastião. Depois de Auschwitz, que varreu a nação judaica da superfície, ela não perdeu a alma? E, depois de ter sido arrancada da Europa em 1945, a Europa Central ainda existe?

---

pelos Estados Unidos e pela Europa. *Literarni noviny* era realmente literário: ali havia crônicas longas sobre arte, análises de livros. Os artigos dedicados a história, sociologia e política eram escritos não por jornalistas, mas por escritores, historiadores e filósofos. Não conheço nenhum semanário europeu de nosso século que tenha tido um papel histórico tão importante e que o tenha desempenhado tão bem. As publicações literárias mensais tchecas tinham tiragem entre 10 mil e 40 mil exemplares, e seu nível era notável, não obstante a censura. Na Polônia, as revistas tiveram importância equivalente: hoje, existem centenas (!) de publicações clandestinas!

Sim, sua produção e suas revoltas indicam que ela "ainda não pereceu". Contudo, se viver significa existir aos olhos de quem amamos, a Europa Central não existe mais. Para ser mais preciso: aos olhos de sua amada Europa, ela não passa de uma parte do Império soviético, nada mais.

E por que se espantar com isso? Pelo sistema político, a Europa Central é leste; pela história cultural, ela é Ocidente. Mas, como a Europa está perdendo o sentido da própria identidade cultural, ela vê a Europa Central apenas pelo regime político; em outras palavras: ela vê na Europa Central apenas a Europa Oriental.

A Europa Central precisa então combater não apenas a força opressiva da grande vizinha, mas também a força imaterial do tempo que, irremediavelmente, deixa atrás de si a época da cultura. É por isso que as revoltas centro-europeias têm algo de conservadoras, quase anacrônicas, eu diria: elas tentam desesperadamente restaurar o tempo passado, o tempo passado da cultura, o tempo passado da Modernidade, porque apenas naquela época, apenas no mundo que preserva uma dimensão cultural, a Europa Central ainda pode defender sua identidade, ainda pode ser vista como tal.

A verdadeira tragédia da Europa Central, portanto, não é a Rússia, mas a Europa. A Europa, essa Europa que, para o diretor da agência de notícias da

Hungria, representava um valor tamanho que ele estava disposto a morrer por ela — e morreu. Atrás da cortina de ferro, ele não tinha dúvida de que os tempos tinham mudado e de que, na Europa, a Europa não era mais percebida como valor. Ele não tinha dúvida de que a frase que enviou por telex para além das fronteiras de seu país tinha um tom antiquado e nunca seria entendida.

SOBRE O AUTOR

MILAN KUNDERA nasceu em Brno, na República Tcheca, em 1929, e emigrou para a França em 1975, onde viveu como cidadão francês. Romancista e pensador de renome internacional, é autor, entre outras obras, de *A identidade, Risíveis amores, A festa da insignificância*, publicadas no Brasil pela Companhia das Letras. Morreu em 2023.

LISTA DE OBRAS

A arte do romance
A brincadeira
A cortina
Um encontro
A festa da insignificância
A identidade
A ignorância
A imortalidade
A insustentável leveza do ser
A lentidão
O livro do riso e do esquecimento
Um ocidente sequestrado: Ou a tragédia
da Europa Central
Risíveis amores
Os testamentos traídos
A valsa dos adeuses
A vida está em outro lugar

ESTA OBRA FOI COMPOSTA PELA SPRESS EM SABON E IMPRESSA EM OFSETE PELA GEOGRÁFICA SOBRE PAPEL PÓLEN BOLD DA SUZANO S.A. PARA A EDITORA SCHWARCZ EM OUTUBRO DE 2023

A marca FSC® é a garantia de que a madeira utilizada na fabricação do papel deste livro provém de florestas que foram gerenciadas de maneira ambientalmente correta, socialmente justa e economicamente viável, além de outras fontes de origem controlada.